Zé Saldanha

Biblioteca de Cordel

Zé Saldanha

Introdução
Gutenberg Costa

hedra

São Paulo, 2012

Copyright© desta edição Hedra 2001

Capa
Júlio Dui

Projeto gráfico e editoração
Fabiana Pinheiro

Revisão
Rita Narciso
Iuri Pereira

Direção da coleção
Joseph Maria Luyten

Ilustração da quarta-capa e orelhas
José Lourenço

Dados Internacionais de Catalogação na Publicação (CIP)
(Câmara Brasileira do Livro, SP, Brasil)

Saldanha, Zé, 1918–.
Zé Saldanha/ Introdução e seleção de Gutenberg Costa.
— São Paulo: Hedra, 2001. — (Biblioteca de Cordel)

ISBN 85-87328-40-9

Bibliografia.
1. Literatura de cordel—Brasil.   2. Literatura de cordel—Brasil—História e crítica.
3. Saldanha, Zé, 1918–.   I. Gutenberg Costa.   II. Título.   III. Série

01-2615   CDD-398.20981

Índices para catálogo sistemático:
1. Brasil: Cordelistas: Biografia e obra: Literatura folclórica 398.20981
2. Brasil: Literatura de cordel: História e crítica: Folclore 398.20981

[2012]
Direitos reservados em língua portuguesa
EDITORA HEDRA
R. Fradique Coutinho, 1139, subsolo
CEP 05416-011, São Paulo-SP, Brasil
+55-11-3097-8304
editora@hedra.com.br
www.hedra.com.br

Foi feito depósito legal.

BIBLIOTECA DE CORDEL

A literatura popular em verso passou por diversas fases de incompreensão e vicissitudes no passado. Ao contrário de outros países, como o México e a Argentina, onde esse tipo de produção literária é normalmente aceita e incluída nos estudos oficiais de literatura — por isso poemas como "La cucaracha" são cantados no mundo inteiro e o herói do cordel argentino, Martín Fierro, se tornou símbolo da nacionalidade platina —, as vertentes brasileiras passaram por um longo período de desconhecimento e desprezo, devido a problemas históricos locais, como a introdução tardia da imprensa no Brasil (o último país das Américas a dispor de uma imprensa), e a excessiva imitação de modelos estrangeiros pela intelectualidade.

Apesar da maciça bibliografia crítica e da vasta produção de folhetos (mais de 30 mil folhetos de 2 mil autores classificados), a literatura de cordel — cujo início remonta ao fim do século XIX — continua ainda em boa parte desconhecida do grande público, principalmente por causa da distribuição efêmera dos folhetos. E é por isso que a Editora Hedra se propôs a selecionar cinquenta estudiosos do Brasil e do exterior que, por sua vez, escolheram cinquenta poetas populares de destaque e prepararam um estudo introdutório para cada um, seguido por uma antologia dos poemas mais representativos.

Embora a imensa maioria dos autores seja de origem nordestina, não serão esquecidos outros polos produtores de poesia popular, como a região sul-riograndense e a antiga capitania de São Vicente, que hoje abrange o interior de São Paulo, Norte do Paraná, Mato Grosso, Mato Grosso do Sul, parte de Minas Gerais e Goiás. Em todos esses lugares há poetas populares que continuam a divulgar os valores de seu povo. E isso sem nos esquecermos do Novo Cordel, aquele feito pelos migrantes nordestinos que se radicaram nas grandes cidades como Rio de Janeiro e São Paulo. Tudo isso resultará em um vasto panorama que nos permitirá avaliar a grandeza da contribuição poética popular.

Acreditamos, assim, colaborar para tornar mais bem conhecidos, no Brasil e afora, alguns dos mais relevantes e autênticos representantes da cultura brasileira.

Dr. Joseph M. Luyten (1941–2006)

Doutor pela USP em Ciências da Comunicação, Joseph Luyten foi um dos principais pesquisadores e estudiosos da literatura de cordel na segunda metade do século XX. Lecionou em diversas universidades, dentre as quais a Universidade de São Paulo, a Universidade de Tsukuba (Japão) e a Universidade de Poitiers (França), onde participou da idealização do Centro Raymond Cantel de Literatura Popular Brasileira. Autor de diversos livros e dezenas de artigos sobre literatura de cordel, reuniu uma coleção de mais de 15 mil folhetos e catalogou cerca de 5 mil itens bibliográficos sobre o assunto.

Joseph Luyten idealizou a Coleção Biblioteca de Cordel e a coordenou entre os anos de 2000 e 2006, período em que publicamos 22 volumes. Os editores consignam aqui sua gratidão.

SUMÁRIO

Introdução	9
A verdadeira história do monstruoso acidente ocorrido em currais novos	21
O trágico acidente de Cêrro Corá, sete mortos no açude	33
José Milanez — o poeta assassinado pela mão negra do destino	45
Morte, saudade e lembrança de Severino Ferreira	51
Mulher desprestigiada	59
Matuto no carnavá	65
Um grande debate improvisado de José Saldanha Menezes Sobrinho com o vate poeta Milanez	71
O sertão e seus cangaceiros	95
Nascimento, vida e morte do frade Frei Damião	111
Uma forte discussão de um político do PT com um trabalhador da roça	123

INTRODUÇÃO

Nasce um poeta na região da Serra de Sant'ana

José Saldanha Menezes sobrinho nasceu em 23 de fevereiro de 1918, na Fazenda Piató, município de Santana do Matos no Rio Grande do Norte, filho do pequeno fazendeiro Francisco Saldanha da Silva e da costureira Rita Regina de Macedo Saldanha.

Viveu toda a sua infância e mocidade na fazenda de seu genitor. Ali foi vaqueiro, almocreve, puxador de gado, aboiador, violeiro, poeta, e até fabricou violas.

As festas e brincadeiras sertanejas só tinham graça se o jovem "Dedé" estivesse, pois declamava sonetos, recitava estrofes, glosava poemas, contava piadas e anedotas.

Casou-se aos 26 anos com a professora Jovelina Dantas de Araújo (Dona Jove). O casal teve nove filhos: Rosáfico, Altamira, Terezinha, Francisco Neto, Rita, Robson, Reneide, Rosemberg e Renilda.

Quase todos os seus filhos, atualmente, têm formação universitária. Depois de casado, o poeta José Saldanha — que nunca quis deixar o seu Estado, o Rio Grande do Norte — ainda morou por dois anos em Piató. Mudou-se para Bodó, onde residiu por alguns anos, transferindo-se depois para Cêrro Corá e, em seguida, para Currais Novos. A necessidade de concluir a educação dos filhos, leva o poeta a transferir-se para Natal, em 7 de janeiro de 1979.

Desde essa época Zé Saldanha recebia os amigos poetas e violeiros de toda parte do Brasil na rua Irineu Joffili, 3610, bairro da Candelária.

Zé Saldanha sofreu um grande golpe com a morte de sua companheira e incentivadora, Dona Jove, ocorrida em 4 de outubro de 1995. "Ela me dava mais inspiração do que tenho hoje". Em seu folheto em prosa "As grandes dificuldades para estudar no passado e as facilidades para estudar no presente", o poeta confessa a importância que D. Jove tinha em sua vida: "Quem viu, sentiu o meu esforço pelo estudo de meus filhos; este trabalho, esta força, esta luta ao lado de uma pessoa ainda mais interessada pelos estudos do que mesmo propriamente eu, uma sertaneja heroína, uma batalhadora incansável! Nas lutas do dia-a-dia, intercedendo toda hora, todo momento pelos estudos dos nossos filhos. Foi minha saudosa, querida e inesquecível esposa, Jovelina Dantas de Araújo Saldanha, popular "Dona Jove" (p. 2).

Em certa época, quando o pai do poeta o viu de feira em feira, acompanhado dos cantadores de viola, o aconselhou: "vou lhe ensinar tudo que um sertanejo pode aprender. Tocar e improvisar você pode até fazer. Mas, usar da viola para viver, isso não". O poeta afirma ter seguido o conselho de seu Francisco Saldanha. "Fui do cabo da chibanca, vaqueiro, almocreve, aboiador, puxador de gado, fabricante de sapatos, de doces e queijos". Por este depoimento, vemos que o poeta Zé Saldanha só não fez chover, mas bem que preparou o tempo... Zé Saldanha começou sua carreira intelectual conhecido como o poeta-rimador sertanejo e, posteriormente, como o repórter das rimas.

HISTÓRIAS E CAUSOS DE SUA VIDA

Histórias e estórias não faltam na vida do poeta. Em certa oportunidade, quando ainda fumava seu cigarro de palha, não encontrando o papel apropriado para fazê-lo, usou uma nota de dez mil réis, dinheiro ganho com a venda de seu primeiro folheto "O preço do algodão e o orgulho do povo", publicado em 1935, e que lhe rendeu dinheiro como o diabo. Nos primórdios de sua vida como sapateiro fabricante da famosa marca "Calçados Menezes" (1940–1979), Zé Saldanha teria criado um marketing poético para a divulgação de seu produto, inserido propositadamente nas caixas de sapatos:

Quem quiser comprar calçados
De resistência tamanha;
Procure José Saldanha
Que é um dos mais afamados,
E tem tipos variados
De cor preta e cor marrom,
E o homem estando com
Precisão de se calçar,
Compra e diz onde chegar
Sendo do Saldanha é bom!

Outra variante:

Para comprar calçados
Aconselho aos meus fregueses:
Eu ando de pé descalço
Semanas, dias e meses,
Fico até de pé rachado

Porém, só compro calçado
Da fábrica Menezes.

REPÓRTER DO POVO

Como poeta repórter, ficou de plantão registrando em seus folhetos todos os acontecimentos da região do Seridó, bons ou ruins, como por exemplo: "A triste virada de um caminhão", "A revolta da Paraíba e os cabras de Zé Pereira", "Noite de festa em Patu", e "A verdadeira história do monstruoso acidente ocorrido em Currais Novos", tragédia ocorrida em 1974, em que faleceram 25 pessoas de destaque da região. O citado folheto vendeu, só nas primeiras tiragens, mais de quatro mil exemplares.

O repórter denuncia a situação ou a impunidade de seu povo. Como podemos ver, nos seguintes folhetos: "O Pistoleiro Antônio José", "A Briga dos Herculanos", "O imposto hoje ataca pior do que Lampião", "Os Coronéis do passado", "Um sertanejo no Agreste e a fome no sertão", "Corridas e vaquejadas", "O que se vê pelo mundo", "O sertanejo está mais quebrado do que arroz de terceira", e "Tem mais fiscal de imposto do que cobra em alagadiço".

O REPÓRTER SOLIDÁRIO

O poeta sempre foi solidário e amigo, como podemos observar nos seguintes folhetos: "O poeta assassinado pela mão negra do Destino (José Cosme da Silva Milanez)", "A pranteada morte do saudoso poeta vaqueiro Zé Praxedi", "A Morte de José Alves Sobrinho", "Lembrança de um poeta". E o mais recente folheto, que trata do seu amigo poeta e violeiro que em muitas oportunidades esteve presente nas cantorias realizadas por Zé Saldanha em sua residência, "Morte, Saudade e Lembrança de Severino Ferreira".

HUMOR E GRACEJOS

Devido a sua seriedade sertaneja, o poeta nunca tratou em seus folhetos de temas pornográficos. Optou pelo humorístico gênero do gracejo, estilo muito procurado pelos leitores da literatura de cordel nordestina, e que rendeu dividendos financeiros ao autor. Podemos relacionar alguns títulos: "A moderna caipora", "O burro de João Zezinho", "O castigo dos vaqueiros", "A mulher de minissaia — Agora danou-se tudo", "Hoje no tempo moderno não convém mais ninguém casar", "A vida de Pedro Cem", "As proezas de Pedro Malazarte com o agricultor", e "A discussão da verdade com a mentira".

ROMANCEIRO

Em relação ao assunto dos romances e contos, Zé Saldanha tem produzido diversos títulos: "Jandira e Napoleão", "Celina e Daniel", "O amor de Paulino e Lúcia", "O destino de um sertanejo", "Enedina e Evaristo", "Marinês e Apolinário", "Venâncio e Minervina", "O defensor do Sertão — José Adolfo dos Santos", "Aureliano e Zabelô", "Ananias e Aureliana", "Um Romance do Sertão — As Bravuras de Heleno Maciel e os Amores de Marlene Neves Galcez" e "O verdadeiro Romance de Ana Íris de Menezes e Serapião de Azevedo".

PELEJAS

Quanto às famosas pelejas, o poeta tem como destaques: "A grande peleja em desafio de José Saldanha Menezes com Manoel Águido Pereira", "A discussão de um político da cidade com um velho Agricultor", "A grande peleja de José Saldanha Menezes com Manoel Macedo Xavier", "Um grande debate improvisado de José Saldanha Menezes Sobrinho com o vate poeta Milanez", "Peleja de José Saldanha com Tico Teixeira" e "10 minutos improvisados de José Saldanha com Adoniel Cesário da Paraíba".

ALMANAQUES

Na tradição dos almanaques, Zé Saldanha não ficou devendo a sua participação, pois desde 1959 vem anualmente publicando o seu famoso "Almanaque Espacial do Nordeste Brasileiro". Citaremos como exemplo o mais recente: "Almanaque Espacial do Nordeste Brasileiro para o Ano 2001 do Nascimento de Cristo — O nosso Astro dominante do ano é a Lua". No citado almanaque, o poeta, além das previsões astrológicas e pluviométricas, dá também suas orientações e informações agrícolas, religiosas e sobre tradições folclóricas.

CANGACEIROS E VALENTÕES

Afirmou-me Zé Saldanha que se não tivesse adotado a poesia, teria adotado o cangaceirismo como forma de luta de vida. O tema lhe inspirou muitos folhetos, entre eles: "O sonho de Antônio Silvino", "A luta de Lampião e Casco Preto", "O Sertão e seus Cangaceiros", "O terror dos Sertanejos: Onça Cangaceiro e Seca", "Corisco e

Dadá: A morte de Corisco e o fim dos Cangaceiros", em 3 volumes, "Porque Lampião foi Bandido — seu Tempo e seu Reinado" e "O livro de Lampião — sua História, seu Tempo e suas Lutas".

MISTICISMO E RELIGIOSIDADE

Mantendo e preservando a religiosidade popular oriunda de seus pais e avós, o poeta também versejou diversos folhetos com o tema: "O sonho do Padre Cícero ou a voz da Profecia", "A moça que foi ao Inferno em Sonho", "A moça que ganhou a aposta com o diabo", "Nascimento, Vida e Morte do Frade Frei Damião" e "A genealogia de Cristo".

POLÍTICA E POLÍTICOS

Como poeta e eleitor, Zé Saldanha sempre teve preocupação com o bem-estar de seus semelhantes. Às vezes foi incompreendido e teve a pecha de rebelde; em outras ocasiões foi eleitor declarado de seus candidatos, recebendo daí a classificação de fanático: "Discussão de um político da cidade com um velho Agricultor", "O Brasil prometido aos pobres na época da eleição ou os amigos do voto e inimigos dos eleitores", "Uma forte discussão de um político do PT com um trabalhador da roça", "A vitoriosa campanha de Aluízio Alves para o Governo do Estado do Rio Grande do Norte", "Política da mão de força do nosso Seridó — Dinarte de Medeiros Mariz", e o folheto de título: "Nessa política corrupta não convém ninguém votar", em cujo início e final o poeta destila a sua indignação diante da desenfreada corrupção da política brasileira:

Leitores sobre políticos
Que no Brasil fazem rombo;
Nesta curriola falsa
Eu pretendo dar um tombo,
E nos políticos corruptos
Lá vai madeira no lombo.

E assim finaliza:

Os erros fatais de Collor
Nem o computador soma
Assaltou o Brasil deixando
No triste estado de coma,
O seu erro eu considero
Que é igualmente a Nero
Quando tocou fogo em Roma.

CITAÇÕES BIBLIOGRÁFICAS

Seus trabalhos poéticos são citados em incontáveis antologias: "Nascimento e Vida Sacerdotal de Frei Damião de Bozzano", publicado em 27 de abril de 1960, Currais Novos (RN); "Nascimento, Vida e Morte do Frade do Frei Damião", publicado em 1997, Natal (RN). Estes estão relacionados no livro: *A Presença de Frei Damião na Literatura de Cordel*, Gutenberg Costa, 1998. "Homenagem ao centenário do escritor Luíz da Câmara Cascudo", publicado em 1998, Natal (RN), com citação no trabalho: *Presença do Folclorista Câmara Cascudo na Literatura de Cordel*, Gutenberg Costa, 2000. "Antônio Conselheiro — O Apóstolo dos Sertões", publicado em 1972, Natal (RN), com citação em: *Canudos — Subsídios para a reavaliação*

Histórica, organizado por José Augusto Vaz Sampaio Neto, Magaly de Barros Maia Serrão, Maria Lúcia Horta Ludof de Mello e Vanda Maria Bravo Ururay, publicado em 1996, Rio de Janeiro. Seus dados biobibliográficos fazem parte da conceituada obra *Dicionário bio-bibliográfico de repentistas e poetas de bancada*, em 2 volumes, publicado em 1978, pela Editora Universitária da UFPB, João Pessoa. Em nossa pesquisa ainda inédita e intitulada: *Dicionário bio-bibliográfico de poetas cordelistas norte-riograndeses*, Zé Saldanha é amplamente destacado como um dos maiores poetas vivos do Rio Grande do Norte.

ACRÓSTICOS E AUTORIAS

Ao final de alguns de seus folhetos podemos observar a preocupação do poeta em registrar a sua autoria em forma de "acróstico".

Na vertical:

> Zelar um amor feliz
> É ter bem dignidade;
> Serapião com vontade
> A sorte também lhe quis,
> Lhe ajudou no país
> Deus lhe deu a proteção,
> A sorte lhe fez barão
> Na loteria da vida,
> História bonita e lida
> Ana e Serapião... [1]

[1] "Verdadeiro Romance de Ana Íris de Menezes e Serapião de Azevedo", 3ª ed., Natal, 1993.

Na horizontal:

Peço aos apologistas
A clientes e fregueses;
Aos senhores culturais
Pracianos ou camponeses,
Peço, rogo e aconselho
Para desculparem o velho
José Saldanha Menezes.[2]

José Saldanha não ficará para a história poética do Brasil apenas como autor de cordéis, poisproduziu muito como xilogravurista: ilustrou diversos títulos de sua autoria. Como liderança entre poetas e violeiros, Zé Saldanha criou e fundou a entidade A.E.P.P. (Associação Estadual dos Poetas Populares do Rio Grande do Norte) em 1975. Foi sócio-fundador da SBEC (Sociedade Brasileira de Estudos do Cangaço) em 1993 e da SPVA (Sociedade dos Poetas Vivos e Afins do Rio Grande do Norte) em 1999, entre outras.

PLÁGIO DE SUA OBRA

Como quase todos os poetas populares, que publicam e perdem consequentemente o controle de sua produção, Zé Saldanha também entrou para o rol dos poetas usurpados em seus direitos editoriais, com o seu antigo folheto no gênero do gracejo "A Terra misteriosa ou O mundo de meus sonhos", escrito em 1941 e publicado em 1961, que

[2] Homenagem ao centenário de Luís da Câmara Cascudo, Mossoró, 1998. Cita no livro *Presença do folclorista Câmara Cascudo na Literatura de Cordel* (2000), de Gutenberg Costa, p. 115.

recentemente foi em parte transcrito e plagiado na música "Fartura da minha terra", do forrozeiro Luizinho de Irauçuba (1999), tendo como suposto autor o compositor conhecido como "Marreco". O caso foi denunciado à imprensa por Zé Saldanha, que lamentou o ocorrido, não levando o caso à Justiça. O que o poeta gosta mesmo é da divulgação de seus folhetos pelos leitores, pesquisadores e escritores espalhados pelo país. É o maior conforto e pagamento que um poeta, aos 83 anos, recebe em vida: "Fiz tudo por amor à poesia e nunca procurei ganhar dinheiro com ela".

EVOLUÇÃO PRODUTIVA

Sua produção poética começou no tempo da xilogravura, papel jornal impresso nas tipografias de Currais Novos, passando depois para um mimeógrafo a álcool particular e chegando então às editoras como a Fundação José Augusto, de Natal, e a Fundação Vingt-Um Rosado, Mossoró. E atualmente, apesar da idade, o corajoso e destemido poeta enfrenta o computador e a internet com desenvoltura, divulgando os seus inúmeros trabalhos, o que contraria o velho dito popular: "papagaio velho não aprende a falar".

DO CORDEL NAS FEIRAS AOS LIVROS NAS LIVRARIAS

Tendo iniciado a sua vida de poeta com o tradicional folheto de oito páginas, Zé Saldanha chega, tempos depois, à produção de vários livros: *Matuto na Capital* (1990); *Como surgiu a Associação Estadual dos Poetas Populares — AEPP do Rio Grande do Norte* (1975); *Diz tua prosa sertão* (2000); *O Filho do Ferreiro* (1994); *Monografia de Bodóminas* (2001); *Contos e Poesias* (2000); e *Namoro de Matuto* (2000).

A CHEGADA DO POETA NO REINO DO SUCESSO

Sua poesia tem sido, principalmente nos últimos anos, tema de reportagens, livros e monografias de cunho universitário. Para termos uma ligeira noção da sua qualidade poética, ela inspira-se nos seguintes mestres: José Oiticica (poeta violeiro), Manoel Macedo (poeta violeiro), José Cosme da Silva Milanez (poeta violeiro), além dos grandes folhetistas nordestinos: Leandro Gomes de Barros (cordelista, 1865–1918), Francisco das Chagas Batista (cordelista, 1882–1930) e José Camelo de Melo Rezende (cordelista falecido em 1964). Vamos conhecer agora um pouco da produção Zésaldiana.

Lendo o trabalho "Te segura Zé Soares, que sou bom e não tombo; você veio mexer comigo, lá vai madeira no lombo", observei, no último verso, uma espécie de despedida, embora o poeta esteja com a saúde e a lucidez perfeitas e só deva partir desta muito mais tarde do que a gente possa imaginar.

> Quando vagar a notícia
> Que Zé Saldanha morreu,
> Alguém diz até chorando
> Que o Rio Grande perdeu,
> Um Zé que nunca mais
> Vem outro Zé como eu...

Gutenberg Costa

A VERDADEIRA HISTÓRIA
DO MONSTRUOSO ACIDENTE
OCORRIDO EM CURRAIS NOVOS

Oh! Jesus sacramentado
Dai-me força e pensamento,
Para eu traçar em versos
A dor, o pranto, o lamento
Do desastre mais tremendo!
Tristonho e sanguinolento...

Que entre os tempos
Já passou em Currais Novos,
E entre todos os dados
De fatos velhos e novos,
Nunca registrou-se em mortos
Tão grande número de povos...

Setenta e quatro é um ano
Cheio de temeridade,
Há algos fenomenais
No seio da humanidade
Dar-se um desastre agora
Vem outro pior mais tarde

Porém tudo é decidido
Dos planetas governantes,
Que são de caráter maus
Malignos e inconstantes,
E todo terráqueo sofre
Quando eles são reinantes

Uns acabam nas águas
Outros morrem incendiados,
É inúmera a quantidade
Dos que morrem atropelados,
Desta maneira na Terra
Estamos vilipendiados!

É desastre nunca visto
Na água, no ar, na terra!
São chuvas diluvianas
Desabando montes e serras,
Só sendo nossos pecados
Que estão nos fazendo guerra

Nove dias se passavam
Do ocorrido acidente,
Que deu-se em Cerro Corá
Que abalou muita gente,
E Currais Novos já tão próximo
De um pranto tão grande e quente

Na noite 13 de maio
Nesta cidade princesa,
Chamada do Seridó
Rebanhava com franqueza,
Uma procissão de fiéis
De amor a Deus e fineza

Que todo ano acontece
Nessa data com valor,
Sai da igreja matriz
Esta Santa no andor,
Os fiéis em procissão
Cantando hino de amor

Padre Ausônio de Araújo
Tem grande satisfação,
Em rebanhar os fiéis
De sua religião,
A capelinha de Fátima
Todo ano em procissão

No sistema acostumado
Cantando hinos e louvores...
Grande número de fiéis
Cristãos acompanhadores,
Quando foram abiscidados
Transformados em pranto e dores

Quando um ônibus em disparada
Penetrou na procissão,
Rompeu mais de quinze metros
Só em cima de cristãos!
A gente escreve, porém
Martiriza o coração...

Com pouco ali retumbava
A notícia com franqueza
Da mortandade de gente
Numa ligeira surpresa
E um grito de socorro
Entoava com tristeza...

Logo a Rádio Brejuí
Agiu com amplicidade
Pedindo socorro urgente
De qualquer outra cidade
Pedindo ajuda de médico,
Com ligeira atividade

No local do acidente
Que triste lamentação
Um dizia: morreu mamãe!
Outro: morreu meu irmão!
O trecho superlotado...
De gente morta no chão

Padre Cortez pedia
Socorro com muita urgência,
Para as cidades vizinhas
Com ligeira inteligência,
E todos ligeiramente
Prestaram amável assistência

O pessoal do acidente
Foram logo transportados
Por diversos motoristas
Para o hospital levados...
Foram mortos e vivos
Pelos médicos examinados

O Dr. Antônio Othon Filho
Por Dr. Niton conhecido,
No local do acidente
Ficou logo falecido,
Seus traços fisionômicos
Tinham desaparecido

Dezessete mortos instantâneos
No local do acidente,
Com suas caixas ossárias
Tudo estranguladamente...
Nunca se viu tanta dor!
Tanto choro! Em tanta gente!...

Deram entrada no hospital
Uns mortos e outros morrendo,
Uns gritando agonizantes
Outros chorando e gemendo
A grande equipe médica
Urgentemente atendendo

Um chamava por seu pai
Outro por seu irmãozinho
Outro gritando alarmado:
Meu Deus, morreu meu filhinho!
Muitas mães ali sem vida
Oh, que momento mesquinho!

E a Rádio em som tristonho
Pedindo socorro urgente,
Anunciando as famílias
Que não sofreram acidentes,
Para minorar os cuidados
Dos familiares ausentes

Do monstruoso desastre
Que deu-se em nossa cidade,
Um espetáculo funéreo
Da mão da fatalidade,
Veio enlutando as famílias
Deixando pranto e saudade

Muitos filhos viram os pais
Se acabarem num flagrante,
Por monstruoso vampiro
De sistema extravagante,
Oh que momento tristonho!
Oh que hora delirante!

Padre Ausônio de Araújo
Escapou milagrosamente,
Ia bem próximo ao andor
Quando deu-se o acidente,
Ficou em estado de choque
Mas foi socorrido urgente

Passarei a dar os nomes
Do pessoal falecido
No monstruoso desastre
Que jamais fica esquecido,
Onde morreu pai e filhos
E mãe, mulher e marido

Morreu dona Aristel Dantas
Morreu Maria Agostinho,
Francisca Dantas de Medeiros
Morreu neste desalinho,
E Maria Luiza, sua neta
De onze anos justinho

Morreu Brígida de Araújo
Morreu Francisca de Lima
E Lenice com dez anos
Criança de muita estima,
Tereza Medeiros e Rosa Amélia
O ônibus passou por cima

Severino Alves da Costa,
João Batista de Oliveira
E Aureliana Pinheiro
Nesta tragédia traiçoeira
Também Maria Luiz
Sua morte foi ligeira

Maria Francisca de Jesus
Uma mamãe de estima,
Francisco Damião das Chagas
Francisco Isidoro de Lima,
E uma Rita de Tal
Morreu nesta mesma esgrima

Elionete, uma garota
Com oito anos de idade,
Esta foi pisoteada
Pelos pés da maioridade,
Morreu sem defesa alguma
Na triste fatalidade

Severina Maria da Silva
E Severino Vicente,
Ambos esposa e esposo
Morreram instantaneamente,
Dona Edilvina Cardoso
Morreu no mesmo acidente

Maria Antonia de Moura
E Leoniza de Macedo,
Dr. Antonio Othon Filho
Nosso ilustre amigo ledo,
Ninguém esperava este povo
Se acabarem assim tão cedo

Foi triste profundamente
A noite da segunda-feira
Do monstruoso ocorrido
Chorava a cidade inteira
Desde velho à criancinha
Do Padre, o Doutor, a freira

Bila faz na Telern
Uma completa ligação,
Em pouco tempo a notícia
Estava em toda nação,
Até mesmo a Rádio Globo
Já fazia transmissão

Eliel na locução
Fez ligação com Natal,
Tivemos logo socorro
Lá de nossa capital,
De carro e de avião
E de médico especial

Dona Ainda Ramalho
Agiu com bem brevidade,
Veio assistir os enterros
A triste solenidade,
E sentir o tristonho silêncio
Que reinava na cidade

No Rio Grande do Norte
Até a data presente,
Recordei Dix-sept Rosado
Um monstruoso acidente,
Para Currais Novos agora
Veio este mais recente

É de arrepiar os cabelos
De toda a humanidade
Os telegramas de condolências
De pêsames e de saudade
Que de todos os estados
Chegam em nossa cidade

Escrevo para deixar
O caso imortalizado,
O poeta é um repórter
De tudo que é passado,
E nas gavetas do tempo
Deixa um arquivo guardado

O TRÁGICO ACIDENTE DE CÊRRO CORÁ, SETE MORTOS NO AÇUDE

Peço uma força potente
Ao nosso pai Jeová
Pra tratar do acidente
Que deu-se em Cêrro Corá,
Um trágico acontecimento
A dor, o pranto e o lamento
Que vi no povo de lá...

Domingo, cinco de maio
A primeira hora da tarde,
Se ouvia uma voz tristonha
Alarmante na cidade,
De alguém gritando: — Me ajude
Que um carro no açude,
Caiu em profundidade!

Identificou-se logo
Que foi Manoel Mororó;
Este velho amigo
Conhecido no Seridó,
Todo o pessoal sentia
Em cada face se via
Um pranto de fazer dó...

Correu todo pessoal
Nesta hora amargurada;
Lá no mercado e na feira
De gente não ficou nada,
Nesta hora de agonia
Ficou a mercadoria
E toda a banca abandonada

A fim de salvarem alguém
Muitos homens mergulharam;
O motorista e mais quatro
Com vida ainda salvaram,
Cinco foram defendidos,
E sete, submergidos...
Na água se acabaram

Foi o trágico mais sangrento
Que já vi ligeiramente;
Um festim de batizado
O pessoal tão contente
Naquela festividade
E a mão da fatalidade
Esperando tragicamente...

Manoel Mororó, amigo,
Antigo comerciante;
Nesta vida sofredora
Do ramo de ambulante...
Mas possuiu uma rural
Que transporta o pessoal
Do movimento feirante

Este pessoal contente
Da festa dos batizados,
Foram chamar Mororó
Pra levar os convidados,
Parentes, amigos e vizinhos
Compadre, pai e padrinhos
Madrinhas e afilhados

O carro se destinava
Para o sítio Baraúna,
Com os recém batizados
Todos com muita fortuna,
Trazer a tranquilidade
E na saída da cidade
Tornou-se a vez oportuna...

O açude cheio de buracos
Em cima do paredão,
O carro danificou
A barra de direção,
Jogou-se por sobre as águas
E dali nasceu as mágoas
Da triste lamentação...

Porém no momento trágico
O povo compareceu,
A polícia com rapidez
Ligeiramente atenderam,
Um grupo de mergulhadores
Destemidos e defensores
Cinco vidas defenderam...

Os vivos com muita urgência
Levaram para o hospital;
Os mortos para o quartel
Por ordem policial,
Depois foram transportados
Mortuários organizados
No Sindicato Rural

Admirei Pedro Quitera
Que merece seus valores,
Moreno forte esguio
Um dos mais mergulhadores,
Gritou dizendo: Eu amarro!
Desceu, amarrou o carro
Sem ter mais competidores

O trator puxou o carro
Logo imediatamente,
Vieram duas criancinhas
Mortas até recentemente,
Porém faltou uma moça
Que na chocada com força
Jogou-se mais diferente

Eis os nomes dos que
Ouviram o chamado divino,
Morreu Severina Pinheiro
Sofia e Luiz Faustino,
E os dois recém nascidos
Morreram submergidos
Oh meu Deus, que desatino!

Também morreu tragicamente
Dona Josefa Pinheiro,
A jovem Maria de Fátima
Que ficou por derradeiro,
Submergida nas águas
Fez aumentar mais as mágoas
De cada um companheiro

Os familiares dos mortos
Se fizeram ali presentes,
Oh meu Jesus, que tristeza
Que hora insuficiente,
Ou que pranto dolorido
Todo povo, entristecido
Derramado pranto quente

Uns chamavam mamãe,
Outro chamava irmão,
Outro chamava papai,
Oh meu Deus, que aflição!
Que dor quente e dolorida!
Quem vê seu povo sem vida
Nas lousas frias do chão...

Choravam os familiares
Vendo seis mortos presentes,
E relembrando a mocinha
Que além de morta, ausente,
Pelas entranhas das águas
Aumentavam mais as mágoas
No coração desta gente

Choravam amigos, parentes
E qualquer criatura humana,
Sentindo a dor da tragédia
Ou morte fria e tirana,
Ou morte arrebatadora...
Porque és tão vingadora?
Tão traiçoeira e profana...

De todo lugar vizinho
Chegava gente à vontade,
Admirava-se o número
De gente pela cidade,
Tudo choroso e tristonho
Num pranto quente medonho
Olhando a fatalidade...

Pra todos familiares
Foi um abalo profundo,
Igualmente funeral
Do dia do fim do mundo,
Dar lamentos e gemidos
Todo povo compungido
Tristonho e meditabundo...

Imitavam os navegantes
Quando se perdem do porto,
Uns desmaiavam chorando
Pelo pai que estava morto,
Outro por mamãe chorava
Ali também desmaiava,
Sem alento e sem conforto...

Mais foram bem atendidos
Pelo povo da cidade,
Prefeito e vereadores
Com forma de humanidade,
Com assistências especiais
À parte policiais,
Se esforçaram de verdade

Quase duas mil pessoas
Se acharam reunidas;
Olhando o drama funéreo
Todos bem entristecidos,
Muitos quase não resistem
Ver o quadro mais triste
Dos dias de suas vidas

No momento do enterro
Foi dolorosa a saída,
Do Sindicato Rural
Saíram seis mortos em seguida,
O choro, o pranto e a dor
Foi lamentável o clamor
Desta triste despedida

Um adeus ao seu pai,
Outro a sua mamãezinha!
Outro dizia chorando:
Morreu a minha irmãzinha!
Aquela reclamação
Doía no coração,
De todo povo que ali tinha

Tinha gente neste povo
Que estava quase indecisa,
Se despedindo dos mortos
Com ar de choro e de riso,
Quase com sistema mudo
Se despedindo de tudo
Até o dia do Juízo

Vamos tratar um pouquinho
Da moça desaparecida,
Que com vinte e quatro horas
Por alguém foi percebida,
Das águas foi retirada
E foi logo sepultada
Por sua gente querida

Não há quem possa escrever
A dor, o pranto e o lamento;
O luto em Cêrro Corá
Do trágico acontecimento
Daria um grande volume
Apenas fiz resumo
Do que tinha conhecimento

Deus dê futuro aos vivos
Saudação a quem morreu
Triunfo às almas no céu
De quem aqui faleceu
Pois Jesus é o Jesus
E nós seremos felizes
Cumprindo o destino seu...

Escrevi este opúsculo
Traçados por minhas vezes,
Ninguém me autorizou
Peço desculpa aos fregueses,
A todos eu aconselho
Para desculpar o velho
J. Saldanha Menezes

JOSÉ MILANEZ
O POETA ASSASSINADO PELA
MÃO NEGRA DO DESTINO

A mão negra do destino
O monstro da luz opaca
Traçou um sinistro crime
O plano da gente fraca,
Sem permitir a defesa
Como infernal jararaca

Matou José Milanez
Nosso poeta benquisto;
Que foi homicidiado
Pelo destino imprevisto,
Que matou como mataram
Os santos apóstolos de Cristo

Monstro tirano sem riso
Desonesto e mascarado
Desumano e mal feitor
Cego, inculto e mesclado,
Invejoso e mal conduta
Maligno, insulto e malvado

Um portador da vileza
Da mentira e da maldade;
Da ambição, da inveja
Do ódio e da falsidade,
Fingido, sem coração
Sem alma e sem piedade

Um aborto esperdiçado
Dos símbolos da incerteza;
Excremento dos micróbios
Putrefato da impureza,
Amigo do opaquismo
Um vulto da natureza

Um verdadeiro prostíbulo
Escombro da negligência;
A vermífica bactéria
Da putrifa má essência,
Protozoário das chagas
Larápio da consciência

Imundo, cheio de faltas
Predisposto para o mal;
Subiste o teu alto cúmulo
Do teu íntimo pessoal,
Representaste os valores
Do teu intelectual

Mataste o nosso poeta
Sem permitir-lhe as defesas;
Tua alma, tinta de sangue
Tem sangue nas tuas presas,
Tuas mãos enodoadas
Mostrando as tuas vilezas

Mataste nosso poeta
Famoso e especial;
O seu nome é conhecido
Pelo Brasil em geral,
Catorze anos à frente
Do Sindicato Rural

Amigo, calmo e risonho
Voz harmoniosa e mansa;
Muito alegre e maneiroso
Cheio de perseverança,
A quatro mil sócios rurais
Dava amor e confiança

Resolvia as questões deles
Perante a autoridade;
Levava aos hospitais
Havendo necessidade
Os trabalhadores tinham-lhe
A mais finíssima amizade

Quatro mil sindicalistas
Choram pelo presidente;
Tristonhos e cabisbaixos
Derramando um pranto quente,
Não sei o que é que reina
No peito daquela gente

A família do poeta
Se conserva comportada;
Família de bom estudo
Tornou-se resignada,
Suportando as tristezas
Mas sem blasfemarem nada

Ao poeta Macedo
No estado de Goiás;
Mando minhas condolências
De modos sentimentais,
Você aí sente muito
Aqui o pranto é demais...

As condolências poéticas
Que chegam do Paraná;
De Brasília e da Bahia
Do Maranhão, do Pará,
Pernambuco e Paraíba
Piauí e Ceará

As rádios clamam chorosas
O jornal transmite tristonho;
Uns dizem que é mentira
Parece até ser um sonho,
Deixou nosso Rio Grande
Num pesadelo medonho

O fantasma de calçola
Bruxo da iniquidade;
Que assassinou Milanez
Com tanta perversidade,
Teu crime tem que pesar
Na lei de penalidade

A justiça justifica
Todo crime que acontece;
Examina com cuidado
A pena que o crime oferece,
Na mão plena da justiça
Quem tiver crime padece

O poeta é um passarinho
Que por Deus é instruído;
Quem mata um poeta é
Um monstro despercebido,
Mata um poeta e deixa
Mais de um milhão ferido...

O nome de um criminoso
O mundo sempre aborrece;
O poeta mesmo morto
O seu nome ainda cresce,
É certo: o poeta morre
Mas o nome permanece

MORTE, SAUDADE E LEMBRANÇA DE SEVERINO FERREIRA

Sentindo tristeza e mágoa
Saudade e muita emoção,
Ponho o caderno na mesa
E a caneta na mão,
Escrevo a morte traiçoeira
De Severino Ferreira
Que dói em meu coração

Sou o repórter das rimas
De tudo que acontecer,
Deus me deu este destino
Eu tenho que resolver,
Mas este é tragicamente
Tão duro, tão comovente
Que dói a gente escrever

Quando os nossos cantadores
Em vinte e cinco de outubro,
Viajavam palestrando
Sem haver nenhum penumbro,
Tudo alegre e sorridente
Num dia bem calmo e quente
O sol se tornava rubro

Alegremente seguiam
Pra um festival na Bahia,
A mão da fatalidade
Tragicamente proibia,
Quando ninguém esperava
O veículo capotava
Causando triste agonia

Com Severino Ferreira
Vila Nova e Zé Cardoso,
Sebastião e Valdir
Nesse desastre inditoso,
Geraldo Amâncio e Finemon
Nosso grupo forte e bom
Só de poeta famoso

Os Patativas da arte
As estrelas da viola,
A poesia é seu mundo
O mundo é sua gaiola,
Nossos improvisadores
Beneméritos cantadores
Que cantando nos consolam

Veem os nossos cantadores
Os primores da beleza,
A morte emboscar sem pena
E matá-los sem defesa,
Deixa a viola pra gente
Tocando funeralmente
A dor, o pranto, a tristeza

Nessa tremenda virada
O motorista morreu,
E Severino Ferreira
Também mais nada atendeu,
Ficou muito machucado
Ainda foi operado
Depois também faleceu

O Rio Grande do Norte
Perdeu de sua gaiola,
O pássaro mais cantador
O canário da viola,
Fonte de rima altaneira
Sem Severino Ferreira
Quem canta não se consola

Quisera que a morte trágica
Mudasse de região,
Não passasse mais no Nordeste
Fazendo destruição
Nos poetas de primeira,
Levou o nosso Ferreira
Sem a mínima compaixão

Não sei por que motivo
A morte é tão imprudente,
Contra os nossos cantadores
Dura, cruel, insolente,
Matando nossos poetas
Só sendo inveja das metas
Da poesia da gente

Levou Severino Ferreira,
Nosso vate nordestino,
Nasceu dotado das rimas
Verso, improviso e tino,
De estro possante e forte
No Rio Grande do Norte
O maior foi Severino

É triste a gente pensar
O que os poetas sentiram,
Na violência dramática
Que tragicamente caíram,
Vê o motorista morto
E um colega sem conforto
Foram vítimas e assistiram

A morte não tem reserva
Mata a torto e a direito,
Não tem engano com ela
Conceito e nem preconceito,
Leva o sábio e deixa o rudo
Depois volta e leva tudo
Porque ela é desse jeito

Reina tristeza no peito
Do cantador nordestino,
E os poetas conterrâneos
Da terra de Severino,
A viola entristeceu
Chorando porque perdeu
Seu vate potiguarino

Um poeta de renome
Quase no Brasil inteiro,
Nunca temeu de cantar
Com o maior violeiro,
Foi um dos batalhadores
Dos grandes improvisadores
Do nordeste brasileiro

Severino Ferreira era
Grande poeta venusto,
Querido e conceituado
Da Fundação Zé Augusto,
Era o poeta do riso
E pra cantar improviso
Nenhum cantor lhe fez susto

Cantor de estro agradável
Para os espectadores,
Amigo dos seus clientes
E amigo dos cantadores,
Fez muita programação
Em rádio e televisão
Tem seus admiradores

Um mestre da poesia
De conhecimentos profundos,
Muitos trabalhos escritos
E o seu livro é oriundo,
Com os mais belos poemas
Versos bonitos e temas
Comemorados no mundo

Doutor Zé Lucas de Barros
E doutor Rosáfico Saldanha,
As poesias de Ferreira
Um e outro acompanha,
Seus versos nobres e métricos
Dos trinta anos poéticos
Rosáfico fez a campanha

Isto são cenas marcadas
Prodígios que a gente alcança,
São os fenômenos da vida
Que dentro do tempo avança,
As cantorias filmadas
Bonitas fitas gravadas
Que ficam como lembrança

Sobre a dívida da morte
A nossa vida é quem paga,
Um bom amigo da gente
Daqueles que a gente afaga,
A morte dura e malvada
Dá-lhe uma bordoada
Ele depressa se apaga

De Severino Ferreira
É muito forte a lembrança,
Sua voz bonita e mansa
Estilo bom de primeira,
Verso limpo sem zonzeira
Era o poeta da gente
Rima rica e competente
Improviso belo e risonho
No mundo lindo de um sonho
Onde Deus está presente.

MULHER DESPRESTIGIADA

Mulher desprestigiada
Falsa, vil, bandida, imunda.
Tua miséria profunda
Faz tu viveres jogada;
Péssima, pedante, safada
Mísera, nojenta, sem lar,
Maldita, indigna, sem par,
Cofre da impiedade;
Termina tua maldade
Nas lamas do lupanar

Mulher sem amor, sem alma
Sem coração, sem proveito,
Sem cotação, sem respeito,
Sem piedade, sem palma
Desprotegida, sem calma
Monstra perversa e ruim.
Ódio, mazela, pasquim,
Tudo se encontra nela.
Se hei de ter raiva dela
Fiquei com raiva de mim

A mulher mais desonesta
Dos seres da humanidade,
Que troca a santa amizade
Por um pagode de festa.
E assim se manifesta
No mundo de mão em mão,
Mas nesta tua ilusão
Reinará tagarelice,
Um dia em sua velhice
Não tem dono nem patrão

O amigo da taberna
Não quer mais saber de tu,
Velha igual um urubu
Feia igualmente a caverna.
Torta e manca de uma perna
Implorando a caridade,
Cheia de inimizade
De mau desejo e de praga,
O corpo cheio de chaga
Que herdou da vaidade

Você foi a bonequinha
Bonitinha e amorosa,
Mas a paixão vaidosa
Trouxe-lhe a sorte mesquinha.
Quando tu eras mocinha,
Querida por toda gente
A um grupo espertamente
A quem deste confiança,
Perdeu-se a perseverança
E vives miseravelmente!

Já foste uma primavera
Rosa do mês de abril,
Tua beleza gentil
Só tu mesmo a consideras,
Hoje recordas quem eras
Repara quem estás sendo,
Hoje você mesmo vendo
Seu retrato não conhece
Cada vez mais ainda cresce
A dor que vives sofrendo

"Quando era amante de um magnata..."

A miséria te consome
Só o sofrer te aparece
Teu padecimento cresce
A dor, o pranto e a fome,
Sem mocidade, sem nome
Sem amor, sem guarida
Triste, isolada, esquecida,
Cheia de mil congesturas
Pagando pelas torturas
Que fizeste em tua vida

"Brigados no amor: separação"

Fizeste mulher casada
Roer por causa de tu.
Hoje nem um urubu
Olha mais pra tua ossada:
Velha, encolhida, aleijada,
O corpo torto de um lado,
O rosto encavernado,
Esmolado tristemente
Para pagar no presente
Tudo que fez no passado

Os beijos que recebeste
Nos salões do lupanar,
Onde ias saborear
As bebidas que bebeste
Afagos que ofereceste,
E os teus legisladores
Hoje são teus zombadores
Da tua vida mesquinha
Tu vives triste e sozinha
Pagando por teus amores

A dor, o pranto, o tormento
A doença e a velhice,
A sujeira, a imundície,
Suspiros, ais e lamentos,
Abandono, isolamento,
Ninguém quer te assistir,
A casada não quer ir
Visitar mulher a podas,
Assim acontece a todas
Que nesta vida cair

Gozaste dentro do mundo
Com a tua mocidade:
Carinho, amor, amizade,
Desde rico ao vagabundo;
Lá no cabaré imundo
Fizeste teu aposento,
Hoje resta o sofrimento
E pranto para enxugar
Só Deus poderá julgar
Por teu arrependimento

O mundo te esqueceu
A orgia te jogou,
O teu amor terminou,
Tua beleza morreu
Tudo desapareceu
Só resta a dor, a canseira,
A insônia, o pranto, a leseira,
Triste, doente e sozinha.
Não és mais a bonequinha
Do frevo da gafieira!...

MATUTO NO CARNAVÁ

Eu vou contar pra vocês
O caso que aconteceu
Com o pobre dum matuto
O quanto ele sofreu,
Num carnavá na cidade
E para falar a verdade
Esse matuto sou eu

Matuto é matuto mesmo
É matuto de verdade.
Que diabo qué matuto
Se enfiando na cidade?
Brincando inté carnavá!
Eu brinquei, mas me dei má,
Num conto nem a metade!

Eu, um matuto véio,
Num sei o que é gozá...
Mas arranjei um dinheiro,
Fiquei doido atrás de amá.
Desci lá do meu sertão
Pra brincá de folião
E gozá no carnavá!

Chegando na capitá,
Fui numa loja industrada.
Comprei um fantasião,
Toda bonita e bordada.
Fui muito bem recebido
Pelo povo, todo entendido
E umas moças inducada!

Vesti o fantasião, bonita!
Melei a cara tombém.
Ouvi o povo dizer:
Menino, o broco já vem!
E um muerão sem receio
Me agarrou pelo meio
E saiu chamando: meu bem...

Eu também agarrei ela,
Dei mais de trinta buquinha!
Entrancei a perna dela
E ela, a dela na minha.
Ela arriou-se em meu braço,
Saímo marcando o passo
Como quem cose bainha

A nêga me agarrou!
Eu tombém agarrei a nêga.
Como duas chamichuga,
Parecia duas pêga.
Eu tava animado,
Que só cabrito amarrado
Quando a cabra véia chega

Numa folia danada
Tudo agarrando e pulando,
Tudo que eu tinha na vida
Com ela eu tava gastando.
Cheguei até a pensar
Que adispois do carnavá
A gente findava casando

Pro guntei o nome dela.
Ela me disse: é Maria.
Você quer casar comigo?
Ela disse que queria.
Quando ela deu a resposta,
Quase que caio de costa,
Doido, doido de alegria!

Ela perguntou baixinho:
Você tem algum dinheiro?
Eu disse: tenho, pru quê?
Ela respondeu ligeiro:
Então, me dê preu guardá,
Prus ladrão num lhe robá,
Que aqui só tem marreteiro

Foi pegando meu dinheiro,
E tratando de correr.
Como quem ia guardá,
Mas se virou pra dizer:
"Qué qui pensa matutão?
Eu num sou Maria não.
Sou machão que nem você!"

Eu parti para matá-lo,
Irado como um leão
Mas a polícia avançou
E me deu voz de prisão.
Me levaram prá cadeia.
Me deram muito de peia
Fui quem passei por ladrão

Eles me encontraram bebo,
Liso, sem nem um tostão.
Documento é uma coisa
Que ninguém tem no sertão.
Fui pra cadeia, apanhei...
Veja o que foi que gozei
Brincando de folião!

Que diabo qué matuto
Com história de gozá!
É pra sofrer como eu sofri,
Ficá preso e apanhar?
Digo de idéia ativa,
Cem anos qu'eu inda viva
Num vou mais im capitá

Só quarta-feira de cinza
Foi que pude me sortá.
Viajei para o sertão,
E fui de pés até lá.
Sofri muito, passei fome,
Nunca mais falo no nome
De diabo de carnavá.

UM GRANDE DEBATE IMPROVISADO DE JOSÉ SALDANHA MENEZES SOBRINHO COM O VATE POETA MILANEZ

Zé Saldanha e Milanez
Bancavam filosofia;
Amigos particulares
E rivais na poesia,
Um verbalmente acusava
E outro defendia...

A Saldanha e Milanez
Todos gostavam de ouvir;
Eles dois se debaterem
Palestrarem, discutirem,
Uma palestra gostosa
Para os ouvintes sorrirem

Saldanha leu um poema
Escrito por Milanez;
Pobre, jumento e cachorro
Três entes que não têm vez,
Por este motivo Saldanha
Interviu com rapidez

JS — Caro amigo Milanez
Agora me certifico;
Porque só defende rico
Diz que pobre não tem vez,
No verso que você fez
Todo enriquecido e nobre,
Defendendo prata e cobre
Só a rico deu valor,
Ao pobre eu tenho amor
E tenho prazer em ser pobre

M — Meu amigo Zé Saldanha
Tu sois de família nobre;
Hoje, defendendo pobre
Isto Milanez estranha,
Ou é pra ganhar façanha
Ou pra conquistar alguém,
Pois ser pobre não convém
É um grupo flagelado,
Liso, triste e desgraçado
Porém nunca foi ninguém

JS — O rico goza enfeites
E salas atapetadas;
Sofá, cadeiras bordadas
Os mais confortáveis leitos,
Pois Deus criou em seus feitos
Um plebeu e outro nobre,
Porém o meu dom descobre
Um decente baluarte,
Ganho suado da arte
E tenho prazer em ser pobre

M — O pobre vive com fome
Sofrendo no miseréu;
O rico no apogeu
Goza de tudo e tem nome,
Seu valor não tem quem tome
Usa do que lhe convém,
E o pobre nada tem
Porque pobre é um lascado,
É um desaventurado
Pobre nunca foi ninguém

JS — O rico de quando em quando
Vai um piano tocar;
Bota um disco pra cantar
Fala um rádio em outro canto,
E eu mesmo falo e canto
E divirto igualmente o nobre,
Quando o meu dom descobre
Uma orquestra que bamba,
Toco, assobio, canto samba
E tenho prazer em ser pobre

M — Pobre aborrece demais
Vive pedindo socorro;
Pobre, jumento e cachorro
São três classes quase iguais,
Sem proteção, sem cartaz
Direito a nada não tem,
A vida é um vai e vem
De agonia e desprazer,
Não sabe o que é lazer
Pobre nunca foi ninguém

JS — Jesus nosso salvador
Nasceu de família pobre;
Porque o rico e o nobre
Não possuíram o pudor
De ser pai de um redentor
Ainda que riqueza dobre,
Os metais do mundo sobre
Disto não invejo nada,
Gosto da lida pesada
E tenho prazer em ser pobre

M — É bom não ser confiável
Na escrita e no papel,
Veja bem que Israel
É potência inabalável,
De uma riqueza insomável
É de onde o Cristo vem,
E Cristo é rico também
Segundo eu fiz o estudo,
Cristo é dono de tudo
E pobre nunca foi ninguém

JS — Milanez, eu vou mudar
De estilo e pensamento;
Porque se continuar
Vou perder no argumento,
Vou fazer-lhe uma pergunta
Pra conhecer seu talento

M — Desenvolva o pensamento
Que eu vou devagarinho;
Os dois viajando juntos
Entreter mais o caminho,
Com relação à pergunta
Você não canta sozinho

JS — Milanez meu amiguinho
Como você reagiu
A responder a pergunta
Do roteiro não fugiu,
Diga aonde o galo cantou
Que toda humanidade ouviu

M — Isto que você feriu
Lhe respondo em poesia;
Foi na Barca de Noé
Oito pessoas existia,
E quando o galo cantava
Toda humanidade ouvia

JS — Milanez em poesia
Tu não me levas na troça;
Você pode me vencer
Mas batalha muito e força,
Diga como uma mulher
É alta, baixa, fina e grossa

M — Quem canta comigo força
Vou lhe falar a verdade;
Ela é baixa no tamanho
Alta na sociedade,
Bastante grossa no corpo
Fina na dignidade

JS — O que é que Deus de bondade
Deu pra todo mundo usar;
Todo mundo joga fora
Deus ainda torna a dar,
Jogando a segunda vez
Aí só tem se comprar

M — Colega vou lhe explicar
Com pensamento otimista;
Isto é o dente são
Da mocidade egoísta,
Deus dá primeira e segunda
A terceira é no dentista

JS — Qual é a fonte prevista
De água medicinal?
Não tem cacimba no chão
Também não tem no astral,
É lacrada, não tem furo
E abastece o pessoal

M — Esta fonte é vegetal
Vou dar-lhe a explicação;
Não se encontra no astral
Não tem cacimba no chão,
É coco que a natureza
Deu-lhe esta transformação

JS — Milanez preste atenção
Outra pergunta formada;
O que é que nunca voa
Se voar faz palhaçada,
Deixa a cabeça e o corpo
Voa sem alma e sem nada

M — Estou numa entrevistada
Quase igualmente a um réu;
Porém desta perguntinha
Eu vou ganhar o troféu,
Quem voa deixando o corpo
E a cabeça é o chapéu...

JS — Para ganhar o troféu
Você tem forte sistema;
Tem o estilo poético
De cantor da borborema,
Se quiser mudar o ritmo
Pode cantar qualquer tema

M — Eu vou mudar o sistema
Para um tema diferente;
Você é muito teimoso
Muito duro e renitente,
Vá defender o passado
Que eu defendo o presente

JS — Tanto defendo o presente
Como defendo o passado;
Sou espada de dois gumes
Que corta pra todo lado,
Nesta defesa de agora
Vou matá-lo arrepiado

M — Aquele tempo passado
Foi de pobreza e tormento;
Do matuto no jumento
E o boi encangado,
Que defendo este tratado
Só sendo doido ou demente,
Hoje é um tempo decente
De vida civilizada,
A mulher modernizada
É lindo o tempo presente

JS — Quanto mais civilidade
Mais cresce a ignorância;
A violência, a inconstância
O crime, a perversidade,
Multiplicando-se a maldade
É crime por todo lado,
Deixando o mundo abalado
Desastre matando gente,
Só tem terror no presente
Tempo bom foi o passado

M — Hoje é um tempo feliz
Cheio de facilidade;
Temos transporte à vontade
Pra tudo quanto é país,
Em comunicação se diz
Um recado num segundo,
Ao mais longe lugar do mundo
Se avista Roma e Berlim,
Nosso presente é assim
O passado era um vácuo fundo

JS — Você chamou vácuo fundo
Mas não tinha terrorismo;
Hoje o potencialismo
É para acabar o mundo,
O telefone num segundo
Deixando o mundo agitado,
É guerra matando a gente
Só tem horror no presente
Tempo bom foi o passado

M — Naquela época passada
A mulher era quase morta;
Vivia atrás da porta
Feinha e desconfiada,
Numa roupa amortalhada
Mal trajada e indecente,
Hoje ela é competente
Ativa e desenrolada,
É doutora, é deputada
Tempo bom é o presente

JS — A mulher está desastrada
Lesa, louca e seminua;
Mostrando o que tem na rua
À cabrueira safada,
Vive no beco agarrada
Num rela bucho empurrado,
Queixo com queixo emendado
Mexe boca, língua e dente,
Hoje no tempo presente
O mundo está todo errado

M — Estamos nas eras modernas
No tempo da jovem guarda;
Pois a mulher avançada
Pode mostrar suas pernas,
Algumas partes internas
Mostrando não é ruim,
Ela é um querubim
Mesmo mostrando o umbigo,
Todos dizem como eu digo
O mundo está bom assim

JS — Vê-se hoje uma mocinha
Que parece uma boneca;
Mas já é árvore que seca
Sua inocência é mesquinha,
Já perdeu tudo que tinha
A tempos desmantelou-se,
Na corrupção depravou-se
Perdeu a beleza amena,
É uma vil Madalena
O povo escandalizou-se

M — A moderna hoje abarca
Um estudo competente;
Desenvolvido e decente
Não há poder nem monarca,
Que mude o que o tempo marca
Terá que cumprir-se enfim,
Você hoje acha ruim
Depois fica camarada,
Gritando mais a cambada
O mundo está bom assim

JS — Este mundão de maldade
De sedução e misérias;
Das putrifas bactérias
Desta frágil humanidade,
Tanque da iniquidade
Aonde o Satanás banhou-se,
E o mundo rebelou-se
Hoje a vida é um sufoco,
Mulher nua e homem louco
O povo escandalizou-se

M — Hoje temos a ciência
Estudando os raios solares;
Os estudos nucleares
Feitos com tanta eloquência,
O homem com competência
Ajudando a Deus enfim,
A terra é um querubim
De mulher nova animada,
Andando quase pelada
O mundo está bom assim

JS — Milanez até agora
Só cantamos bobagem;
Vamos deixar este assunto
Cantar em outra linhagem,
Descrever mundos e povos
A natureza e a paisagem

M — Pra cantar em qualquer margem
Eu já vivo preparado;
Livros, letras e ciência
É caminho de meu roçado,
Do baixo ao alto da vida
Resolvo de assombrado

JS — Pode seguir o tratado
Que você mais aprecia;
Pode descrever os astros
Firmado em astrologia,
Sobre os segredos zodíacos
Ou Terra ou Oceania

M — Os livros que a Terra cria
Quase todos eu já vi;
E as lições da ciência
Quase todas aprendi,
Não sei qual é o livro
Que eu ainda não li...

JS — Milanez eu também li
Tudo que a ciência cria;
Dando lição por lição
Sem perder hora e nem dia,
Fiz um "checape" em ciência
Estudei tudo que havia

M — Citar livro é teoria
Não é se cantar ciência;
Nas medidas da certeza
No teor da competência,
Com chegado ao pé da letra
No mundo da eloquência

JS — Com muita clarividência
Milanez é consciente;
Diga o que é meninice
Fale sobre adolescente,
E explique alguma coisa
Da juventude da gente

M — Sorriso elegantemente
Tem a nossa meninice;
O tempo da adolescência
Amor, loucura e tolice,
E a juventude cuida
De amor, trabalho e perice

JS — Seu verso não tem tolice
Tem muita verbosidade;
Me explique alguma coisa
Da nossa maioridade,
Falando sobre a velhice
Me explique a realidade

M — É o fim da mocidade
Dos prazeres e dos amores;
Realizações da vida
Dos trabalhos, dos labores
Velhice é fardo pesado
De sofrimento e de dores

JS — Os seus versos têm primores
Talento e força reunida
Muito desenvolvimento
Explicação e saída,
Me explique alguma coisa
Dizendo o que é a vida

M — Com relação a nossa vida
É uma explicação singela;
A vida é problemática
E ninguém conhece ela,
Por muito que o homem estude
Não sabe o segredo dela

JS — O seu verso tem tabela
Sua frase é um trampolim;
Seu crânio é inesgotável
Sua ideia é sem fim,
Puxei muito por você
Agora puxe por mim

M — Talvez vá achar ruim
Eu vou entrar pra vantagem;
Vou na criatividade
Quem canta mais pabulagem,
Para enfrentar Milanez
Precisa força e coragem

JS — Milanez sua coragem
Não vai assombrar José;
Eu acho você pequeno
Para pisar no meu pé,
Me mostre sua vantagem
Que eu quero ver como é.

M — Mnemônica eu tenho com franqueza
Que resista um espaço nictêmero;
O meu astro também não é efêmero
Brilha igual ao clarão da natureza,
Filomático eu sou com profundeza
Sou taumaturgo em caso urgente,
Tenho força de um herói belipotente
Sou teísta de grande cotação,
Reconheço de Deus a promissão
Sua força e poder celipotente...

JS — Eu sei que você é consciente
Letificante, ativo e preparado;
Bom poeta, fez curso e é letrado
É cientista, é famoso, é eloquente,
Grande artista renomado evidente
Que emita uma verdadeira pérola,
Pois vive a banhar-se em água cérula
Igual a concriz gorjeando numa árvore,
Porém não possui verso de mármore
Que emite o mel de madrepérola

M — Acompanhando a beleza multipérola
Despertando os psicodinamismos;
Desenvolvendo os possantes atecismos
Se banhando na bela fonte cérula,
Nas piscinas forradas a madrepérola
Se olhando os bonitos panoramas,
Quase perto dos picos de alparamas
És um grande altilóquio da ciência,
Sobre os graus da certeza altiloquência
Nos gabaritos lendários dos programas

JS — Elétrons que acendem suas chamas
E as galáxias vagueiam luminosas;
Jogando no espaço as luzes brilhosas
Registrados em disquetes e cosmoramas,
Em aglomerados galáticos com seus dramas
As nebulosas extragaláticas espirais,
Que explodem com seus tangenciais
Dos isótopos com suas formações,
Nos refleques das mesmas contrações
Estendidas nos pontos siderais

M — Vi de perto as ninfas nebulosas
Passeei pelos campos de Hagaon;
Avistando os gramados de Cion
Ouvindo cântico das aves harmoniosas,
Visitei belas deusas esplendorosas
Fui recebido, embalado pela musa
Me banhei lá na fonte de Aretuza
E nadando atravessei o rio Nilo,
Revisei as pinturas de Murilo
E desenhei todos os campos de Ampelusa

JS — Fiz versos bonitos e com estilo
Olhando as belezas do vergel;
Na promissão da terra leite e mel
Vi de perto a estátua de Berilo,
Medi as águas que tem no rio Nilo
Estudei muito tempo o hemisfério,
Dei certinho as lições do isotérmico
Estudei tudo do livro herogramático,
Trabalhei muito tempo de astronáutico
Conhecendo o segredo planisférico

M — Insultei alemães para brigar
Para ver se a nação achava ruim;
Derrubei as muralhas de Berlim
Tudo isso eu fiz para insultar,
Contra mim ninguém quis se levantar
Sou respeitado na luta eu sou voraz,
Eles vieram a mim me pedir paz
Que eu guardasse comigo esse segredo,
Eu fiz tudo sozinho, não tive medo
O que é que me falta fazer mais?

JS — Milanez estou com raiva
Quero é dizer desaforo;
Vamos para o desafio
Que quero danar-lhe o couro,
A nossa luta é pesada
Igualmente a briga de touro

M — Se entrar no desaforo
Vai sofrer danadamente;
Na diplomacia sou manso
Mas na briga sou valente,
Se você ficar, apanha
Se correr, eu tomo a frente

JS — Eu vou para o repente
Não sei que danado é;
Estou sentindo tontice
E uma dormência no pé,
Doutra vez tu vai saber
O que é cantar com José

M — Eu vou embora José
Um abraço pra vocês;
Se a morte que pega homem
Não pegar o Milanez
Voltarei novamente
Para discutir outra vez

O SERTÃO E SEUS CANGACEIROS

Vou citar para os leitores
Nome de alguns cangaceiros,
Grupos que se alastravam
Pelos sertões altaneiros,
De antigamente chamados
Nordeste e seus bandoleiros

Há certos anos passados
Nosso sertão nordestino,
Foi campo de cangaceiros
Grupo de Antônio Silvino,
Zé Brilhante e João do Coito
Zé da Banda e Jesuíno

Quando o coronelismo
Protegia os cangaceiros,
Guardando em suas fazendas
Como simples companheiros,
Prevendo qualquer questão
Já em ordem os pistoleiros

Os Dantas e Guabirabas
Suassunas e Viriatos,
Alves, Melos e Calados
Limas, Lobos e Lobatos,
Os Batista e os Ribeiros
Os Nunes e os Honoratos

Os Gomes e os Saturninos
Os Jurubebas, os Nogueiras,
Araújos, Maciéis
Os Leites e os Cachoeiras,
Os Macenas e os Saldanhas
Cunhas, Patacas, Pereiras

Os Corcundas e os Menezes
Nóbregas, Tavares, Faustinos,
Britos, Canelas, Rogérios
Rochas, Carvalhos, Targinos,
Torquatos e Cassimiros
Pichutas e Bernadinos

Veras, Maias e Diógenes
Os Procópios e Porcinos,
Os Brilhantes, os Limões
Os Lucas e Anulinos,
Os Lucenas, os Lucinas
Os Senas e os Francelinos

Horácios e Quebraquilos
Evaristos e Gondins,
Os Mendonças, os Farias
Bevenutos, Serafins,
Os Cacianos, os Lopes
Os Gambarras e os Joaquins

Cassimiro e Zé Pereira
Pé Fundo e Pilão Deitado,
Antônio Zé Pinto Nunes
Fogueira e Manoel Rajado,
O Adolfo Meia-Noite
João Clemente e Zé do Gado

Palmerinha e Luís Padre
Vilela e Chico Bicudo,
Silvino, Arês Cangaceiro
Que pra brigar teve estudo,
Mas Virgulino Ferreira
Foi professor de tudo

Foi no tempo que reinava
O mexerico do sertão,
O ódio, o protesto, a ira
Vingança e perseguição,
Muitos crimes perigosos
Morte, processo e questão

E quando os coronéis ricos
Protegiam cangaceiros
Como legítimos ordeiros
Conservando-os nas fazendas,
Não matavam, mas mandavam
Matar pelos bandoleiros

Coronel rico vivia
De tomar terra de pobre,
Afrontava os miseráveis
Como poderoso e nobre,
Confiando no poder
No cangaceiro e no cobre

Naquele tempo, capricho
Da mão da ignorância,
Era a lei que governava
Com ódio e repugnância,
Era um tempo vingativo
Do crime, da inconstância

Nesse tempo poderoso
Bancava tipo valente,
Por qualquer troca de língua
Ficavam de sangue quente,
Possuindo cem mil réis
Mandavam dar surra em gente

O crime, o horror, a miséria
Eram o que mais dominava,
Civilização dormia
A ignorância reinava,
Uma inconsciência rústica
Era o grau que governava

O nordeste era um covil
Completo de bandoleiros,
Uns por necessidade
De fazer-se cangaceiros,
E outros por malfeitores
Criminosos, desordeiros

Muitos viveram à custa
Do rifle e da cartucheira,
Devastavam os sertões
A corriola bandoleira,
Como verdadeiras feras
Desta gleba brasileira

Macilon e Virgulino
E Sebastião Pereira,
Francisco Pereira Dantas
Aqui de nossa fronteira,
Seis anos também viveu
Na corriola bandoleira

Não há quem escreva o número
Do cangaço nordestino,
Vou deixar de citar nomes
E tomar outro destino,
Tratar um pouco da vida
Do Capitão Virgulino

Lampião foi tocador
Foi poeta e sapateiro,
Negociou ambulante
Foi matuto e foi vaqueiro,
Enfermeiro e alfaiate
Músico, ourives, ferreiro

Era amigo e camarada
E falso como a serpente,
Tão manso como um cordeiro
Calmo, amigo e paciente,
Bruto e ignorante
Desentendido e valente

O gênio mais indomável
Dos seres da humanidade,
O corpo mais incansável
E de mais agilidade,
Foi o ser mais intocável
Da nacionalidade

Não tem quem estampe a vida
De Virgulino Ferreira,
O grande rei do cangaço
Desta gleba brasileira,
Viveu à custa de sangue
Como fera carniceira

Dando combate e matando
Os soldados brasileiros,
Era o terror do sertão
Junto com seus cangaceiros,
Viravam o nordeste velho
Ele e seus bandoleiros

Trouxe o sertão nordestino
Assombrado todo dia,
As revistas e os jornais
Alarmavam a tirania,
Os horrores e os estragos
Que Virgulino fazia

No ano de vinte e um
Ele reinou à vontade,
Com um grupo de bandidos
Cúmulo da perversidade,
Revistando o sertão velho
Por sítio, vila e cidade

Se alargava no Nordeste
Até o sertão da Bahia,
Roubando e matando gente
E fazendo o que queria,
Revirava este Nordeste
Todo mundo padecia

Assim tirou vinte um
Vinte dois e vinte três;
O ano de vinte quatro
Vinte cinco e vinte seis,
Não há livro que estampe
O que Virgulino fez

Brigando com a polícia
Do Sergipe ao Pernambuco,
Entrava na Paraíba
Com rancor, soberba e suco,
Matou soldado e chamou
O governo de maluco

Se assenhorando das joias
E carregando os dinheiros,
Também levando as mulheres
E filhas dos fazendeiros,
Brigando e matando gente
Ele e os seus bandoleiros

Incendiando as fazendas
E paióis de algodão,
Matando gado no campo
Como indomável leão,
Arrancando unhas do povo
Sangrando no coração

Desafiava a polícia
No estado sergipano,
Da Bahia ao Ceará
Ao solo pernambucano,
Zombava e desafiava
O poder paraibano

Pernambuco e Paraíba
Já casava e batizava,
Fez tudo à sua vontade
Do jeito que desejava,
Deu carreira na polícia
Que a perna velha envergava

Pelo sertão de Alagoas
Ele também penetrava,
Com tanta felicidade
Que ali alguém o guardava,
Mas também com a polícia
Diversas vezes brigava

Brigou com o Ceará
E o Rio Grande do Norte,
Mas no velho Mossoró
Ele teve pouca sorte,
Se demora mais um pouco
Tinha perdido o transporte

Prometeu ao Rio Grande
De vir tomar Mossoró,
Voltar pela zona oeste
Atacar o Caicó,
E assaltar os fazendeiros
Das zonas do Seridó

Devemos toda homenagem
Para Rodolfo Fernandes,
Que foi grande defensor
Das terras do Rio Grande,
Se ele fosse homem fraco
Lampião tocava o flandre

Guiado por Macilon
Para tomar Mossoró,
Macilon sabia tudo
Do oeste a Caicó,
E conhecia as riquezas
Das terras do Seridó

Porém Coronel Rodolfo
Botou terra no seu plano,
Reforçou o Mossoró
Como um herói veterano,
Se Lampião não corresse
Tinha entrado pelo cano

É bonito a gente ler
Com minuciosidade,
O bilhete de Lampião
Ao prefeito da cidade,
E a resposta do mesmo
Com ordem e autoridade

Às oito horas da manhã
Do dia treze do mês
De junho de vinte e sete
Lampião por sua vez,
Escreve ao Sr. Rodolfo
Com séria positivês

Queria a quantia de
Quatrocentos contos de réis,
Se o dinheiro não viesse
Pelo valor dos papéis,
Ia atacar a cidade
Com seus bandidos cruéis

Um secretário escreveu
Ditado pelo prefeito,
Que não tinha este dinheiro
E nem podia dar jeito,
E se quiser atacar
Pode vir meter o peito

Não possuo essa quantia
Fabulosa e altaneira,
Os bancos estão fechados
O comércio é uma asneira,
Estou disposto a aceitar
Tudo que o senhor queira

Minha cidade não muda
Nem de aspecto, nem de jeito,
Está firme, inabalável
Com honra e muito conceito,
Confiando em sua sina
Firme Rodolfo, Prefeito.

Lampião lendo o bilhete
Visou o caso perdido,
Sentiu força em Mossoró
Um prefeito destemido,
Mas para provar quem era
Não se fez esmorecido

Avisou que às quatro horas
Atacaria a cidade,
Mas primeiro investigou
Com a máxima atividade,
Por onde iria fugir
Se houvesse necessidade

Disse até que em Macilon
Não podia confiar,
Conhecia Mossoró
Porém quis me enrascar,
Mossoró não é cidade
Pra cangaceiro atacar

Tem torre pra todo lado
O chefe daqui é forte,
A cidade está munida
Tem conforto e tem bom porte,
Vou atacar mas não gosto
Do Rio Grande do Norte

Foi no momento que a chuva
Baixou torrencialmente,
Com relâmpago e trovão
Mas o bandido valente,
Cantando mulher rendeira
Atacou rapidamente

A guarnição da cidade
Não quis adular ninguém,
Desabou a tiroteio
Bala vai e bala vem,
Da torre da igreja
Chovia bala também

Do grupo de Lampião
Já um bandido morria,
Outro que se aproximava
No mesmo lugar caía,
Lampião sem perder tempo
Ligeiramente corria

Botou o rifle de um lado
Pegou no cabo da faca,
E correu danadamente
Dizendo: ninguém me ataca!
Já tinham morto Colchete
E baleado Jararaca

Ali mais quatro cabras
Foram num instante feridos,
Um tal Menino de Ouro
Morreu sem dar um gemido,
Lampião decretou luto
Pela morte do bandido

Lampião correu dizendo:
Mossoró não me convém,
O povo é doido demais
Não tem medo de ninguém,
Até as igrejas lá
Atiraram em mim também

Eu ia dar uma prova
De cangaceiro moderno,
Mas tudo me foi contrário
Até mesmo o pai eterno,
Para ver minha desgraça
Mandou força de inverno

Desde esse tempo que sinto
Que as quizilas me atacaram,
Muitos cabras bons morreram
Outros me abandonaram,
Já não imito a metade
Dos tempos que se passaram

Parabéns pra Mossoró
A capital do Oeste,
Que enfrentou Lampião
Com os seus cabras da peste,
E foi a maior derrota
Que ele sofreu no Nordeste

Foi demais o banditismo
Deste sertão Nordestino,
Graças a Getúlio Vargas
Com seu poder e destino,
Na raça de cangaceiro
Vem passando o pente fino

Dos folhetos que escrevi
Me faltava publicar,
O cangaço Nordestino
Para também registrar,
O meu folclore poético
Da cultura popular

Zelar pela poesia
É direito do poeta
Sua rima, sua meta
A sua filosofia
Lembrança viva que cria
Dom poético e oração
A memória, a vocação
No verso, na rapidez
Horas que chegam de vez
A divina inspiração.

NASCIMENTO, VIDA E MORTE DO FRADE FREI DAMIÃO

Peço atenção dos leitores
Sentindo muita emoção;
Para assistirem um momento
Muito digno de atenção
Vou narrar neste repórter
Nascimento, vida e morte
Do nosso Frei Damião

Em dezoito noventa e oito
Como está escriturado;
A cinco dias de novembro
O astro amanheceu mudado
De aspecto risonho e santo
Uma nuvem em forma de manto
E com um frade retratado

Nascia o menino pio
Um dos frades pregadores;
Da cidade de Bozzano
No lar dos agricultores
Felix, Gianotis e Maria
Deus criou com garantia
Pra serem seus genitores

O menino foi crescendo
Com boa dedicação;
Na escola de Seráfica
Estudou religião
Em Camigliano na Itália
Seu estudo se detalha
Com amor e vocação

Continuou com amor
Estudar com vocação;
Em maio do ano quatorze
Ingressou com perfeição
Na ordem dos capuchinhos
Que mudaram com alinhos
Seu nome pra Damião

Em dezenove dezoito
Aos seus dezenove anos
Foi convocado ao exército
Dos reforços italianos
Pelas as trincheiras de guerra
Em defesa de sua terra
Batalhou mais de três anos

No fim da guerra voltou
Com seu pensamento ditoso;
Continuou estudando
Seu culto religioso
Em vinte e três teve o dote
De formar-se em sacerdote
Seu destino primoroso

No dia cinco de agosto
Do ano de vinte e três
Ele ordenou-se em Roma
Com bonita sensatez
Como um apóstolo de Cristo
Tornou-se forte e benquisto
Nos juramentos que fez

No ano de vinte e cinco
Teve mais soberania;
Diplomou-se em Dogmática
Direito e Teologia
E foi vice-mestre em Roma
Recebeu mais um diploma
Cursado em Filosofia

Em maio de trinta e um
O frade Frei Damião
Deixou a Itália e veio
Pregar em nosso sertão
Do nordeste brasileiro
Foi o maior conselheiro
Dessa nossa região

Frei Damião de Bozzano
Veio lá do estrangeiro;
Esse ministro de Deus
Nosso padre mensageiro
Veio nos trazer amor
Foi grande doutrinador
Do nordeste brasileiro

Ele chegou no Brasil
Em forma de penitência;
Se alimentava pouquinho
Vivendo da resistência
Pregando a santa missão
Com o povo em procissão
Com luz e clarividência

Veio da Itália trazendo
Seus amigos capuchinhos;
Padres, santos, conselheiros,
Para abrir nossos caminhos
Pregando as santas missões
Com os fiéis em procissões
Ouvindo os sermões de alinhos

Desembarcaram no Rio
Cantando bendito e hino;
Nas ordens dos capuchinhos
Receberam outro destino
Seguiram para nambuco
Pra ficarem em Pernambuco
Um estado nordestino

Em Recife, praça da penha
Convento dos capuchinhos
Aonde os frades foram
Recebidos com carinho
Na cidade Gravatá
Frei Damião foi pregar
Fez seus primeiros caminhos

Fez a segunda missão
Na cidade de Pesqueira;
Lá mesmo no Pernambuco
Cidade boa e fagueira
Os fiéis maravilhados
Ficaram glorificados
Da palavra mensageira

E dali Frei Damião
Continuou no Nordeste;
Juntando o povo de Deus
Pregando e fazendo teste
Cidade e povoações
Fazendo suas missões
Do litoral ao Oeste

Pregando a santa palavra
De Deus pra nos dar consolo;
Iluminando o espírito
Do mais sábio e do mais tolo
Seu conforto era missão
Fazendo cama do chão
Travesseiro de um tijolo

Frei Damião nas missões
Forte, destemido e alerta;
Um enviado de Deus
Pregando o roteiro certo
A sua missão prevista
É mesmo ver João Batista
Pregando a voz do deserto

Sua palavra de amor
De luz e de santidade
Chamando o povo atenção
Com muita amabilidade
Ouvindo de confissão
Dando a santa comunhão
E pregando a lei da verdade

Frei Damião na igreja
Dando assistência a plateia;
E depois na procissão
Com sua teodiceia
Com seu sistema benquisto
É mesmo estar vendo Cristo
Pregando na Galileia

A trinta e um de maio
Noticiavam os jornais;
Frei Damião faleceu
Agora não volta mais
Aquele vulto varonil
Que doutrinava o Brasil
Com amor, carinho e paz

Frei Damião faleceu
A voz clamava no mundo;
Do Brasil ao estrangeiro
O sentimento é profundo
Lembranças das madrugadas
Por ele tão doutrinadas
Com seu amor sem segundo

O nosso Frei Damião
Passava os santos roteiros;
Na escritura sagrada
Um dos grandes conselheiros
Vamos rezar, fazer prece
Que quando o pastor falece
Vão se afastando os cordeiros

Ele em estado de coma
Tinha vivo o coração;
Os médicos observavam
Funcionar seu pulmão
Sua matéria dormia
Enquanto o espírito fazia
Uma pura ligação

Somente enquanto ele
Desligava da matéria
Da sua luta diária
Uma missão muito séria
Seu amor, sua saudade
Pela nossa humanidade
Tão dura e tão deletéria

Uniu-se aos capuchinhos
Em maio de quatorze; em seguida,
Em maio de trinta e um
Fez viagem destemida
Para o Brasil que compete
Em maio de noventa e sete
Partiu para a outra vida

Foi grande o número de gente
Na mais completa emoção
Que visitaram o velório
Do frade Frei Damião
Os transportes eram lotados
Gente de todos os estados
De carro e de avião

Ele amava os brasileiros
Com um amor positivo;
Seu amor pelo Brasil
Era forte, puro e vivo
Desde os sertões ao agreste
E pelo o nosso nordeste
Tinha um amor expansivo

O número de visitantes
Dos estados brasileiros;
Chegando a cada momento
Ônibus cheios de romeiros
Carros próprios e lotações
E transportados de aviões
Dos países estrangeiros

Pedindo a Frei Damião
A última bênção da vida;
E na hora do enterro
Foi o fim da despedida
Todo mundo inconformado
Chorando desenganado
Como criança perdida

Trinta e cinco mil pessoas
Ao enterro compareceram;
E o grande número de padres
Que ali permaneceram
A missa de corpo presente
Deixou mais lembrança a gente
Nossas saudades cresceram

Frei Damião separou-se
Da face da humanidade;
Deus lhe chamou com amor
Lá pra santa eternidade
Outro mundo, outra vida
Lá na mansão permitida
De luz, amor e verdade

Vamos rezar pelo frade
O nosso doutrinador;
Sua palavra bendita
Sua missão de amor
Somos pequenos cordeiros
Entregues aos lobos matreiros
Sem defesa e sem pastor

Sou católico e amo muito
A santa religião;
Leio com muita atenção
Da escritura os capítulos
As páginas com seus versículos
Nomes do povo de Deus
História da escritura
A vida dos fariseus

UMA FORTE DISCUSSÃO DE UM POLÍTICO DO PT COM UM TRABALHADOR DA ROÇA

Um político do PT
Disse: meu partido é justo;
Eu falo de fronte erguida
Digo a verdade sem susto
Defende o trabalhador
Protege e combate o custo

Um trabalhador maltrapilho
Roupa suja, pé no chão
Disse pra ele: eu discordo
Desta sua opinião
Partidos são patrimônios
Dos políticos da nação

P — Qual a classificação
Que você tem certamente
Para formar discussão
Com político consciente
Você sabe catar lixo
E biritar aguardente

T — Eu me sinto consciente
Do que vi e estou vendo;
Que aconteceu no passado
E continua acontecendo
Político pra ganhar preito
É mentindo e prometendo

P — Caro amigo, eu estou vendo
Que seu assunto é grosseiro;
De política não conhece
O mais pequeno roteiro
Vem atacar quem defende
O trabalhador brasileiro

T — Vou lhe dizer cavalheiro
Da minha cara pra sua;
Foi o PT quem jogou
O trabalhador na rua
Deu-lhe um direito sem força
E a desgraça continua

P — Amigo esta frase sua
Eu não posso obedecer;
Todo direito tem força
E conforto pra defender
Porém o trabalhador
É ruim de se entender

T — O trabalhador pra viver
É dando um duro danado;
Só em época de eleição
O político é abraçado
Porém depois do voto
Todo direito é negado

P — Você é muito atrasado
E desconhece o valor;
Me dizer que o PT
É contra o trabalhador
No mundo inteiro o PT
Do trabalho é defensor

T — O nosso trabalhador
Do campo da agricultura;
O PT bateu errado
Estragou nossa fartura
E jogou o trabalhador
No vale da desventura

P — O PT dá cobertura
A todo trabalhador;
Você diz que na agricultura
Ele foi expulsador
Você vai explicar isso
Com fundamento e valor

T — De modo superior
Darei a explicação;
PT é lei do trabalho
São os pais da inflação
Pôs inimizade sobre
O morador e o patrão

P — PT é contra a inflação
Repare o que vai dizer;
Se me vier com mentira
Até julgado vai ser
Se compromete a prosa
Para aprender a viver

T — Para o senhor me entender
Me escute um minutinho;
Para todos me ouvirem
O que vou dizer sozinho
Se eu não for realista
Castiguei meu desalinho

P — Concedido um minutinho
Para o seu depoimento;
Se você não aprovar
Nem um acontecimento
Pode até ser castigado
Todo seu atrevimento

T — Dentro do meu conhecimento
Nas fazendas do Brasil;
De patrão, moradores
Era importante o perfil
Tudo junto trabalhando
Para a produção fértil

T — Antes do PT no Brasil
Era a maior união;
Todo mundo produzindo
No campo da plantação
O morador tinha lucro
E dava lucro ao patrão

T — Produzindo o algodão
O arroz, o feijão, o milho;
Jerimum, melão, melancia
Não existia empecilho
Produzia no trabalho
Pai e mãe, irmão e filho

T — Leite, coalhada e queijo
Tinha franco todo dia;
Água e luz ninguém pagava
Nem casa de moradia
O algodão era de meia
Os cereais se vendia

T — Não havia carestia
O morador prosperando;
Ladrão também era pouco
Todo mundo trabalhando
Chegou a lei trabalhista
E o PT incentivando

T — A lei influenciando
Os nossos trabalhadores;
Para punir os patrões
Defender os moradores
E com isto os fazendeiros
Se tornaram opositores

T — Lei até pra moradores
Tomar terra do patrão;
Por tempo de moradia
Ter grande indenização
Dali nasceu a miséria
A fome e a inflação

P — Permita a palavra então?
Que quero lhe entrevistar;
Lei para tomar terra
Você não pode provar
Isto é oração sua
No sistema atacar

T — Isto eu posso lhe provar
Com a máxima exatidão;
Tenho o boletim guardado
Com esta declaração
Se eu não tivesse a certeza
Não topava a discussão

T — Reinou indignação
Na alma do fazendeiro;
Indenizaram os moradores
Até por pouco dinheiro
Danaram tudo pra fora
Vivem como faveleiro

T — Vive tudo em desespero
Por falta da plantação;
Morando pela cidade
Sem nenhuma proteção
Comprando de tudo caro
Lascados na inflação

T — Saíram da plantação
Hoje em grande resulta;
Morando pelas favelas
Não tem cereais nem fruta
O filho é marginal
E a filha é prostituta

P — Isto pra mim é insulto
Que você faz ao partido;
Certo que alguma coisa
Pode ter acontecido
É preciso que a gente
Também seja esclarecido

T — Amigo está entendido
A carestia de onde vem;
PT e a lei do trabalho
É quem toda culpa tem
Deram um direito sem força
Que não serviu pra ninguém

P — Mas o trabalhador também
É muito mal entendido;
A gente explica um artigo
E ele muda de sentido
Portanto é bom que sofra
Porque é despercebido

T — Você chamou despercebido
O nosso trabalhador;
Desejando até que ele
Se torne mais sofredor
Bons mesmo são os votos dele
Que já foram dados ao senhor

P — Realmente o trabalhador
É muito mal entendido;
Quer ser duro e mandatário
Egoísta e exibido
Dá um voto e lança em rosto
E fica fazendo mexido

Este é o compadecido
Que zela o trabalhador;
Está botando pra lascar
Ignorante e falador
É bonzinho pra colher voto
Mas é mau compensador

P — Você é atacador
Muito alterado na voz;
Metido a bicho-papão
Um valentão, um feroz
Vou parar, que prosseguindo
Não vai dar certo pra nós

T — O deputado é feroz
Já está jurando assim;
Se a discussão prolongar
Vai haver briga no fim
Você é macho pra suas negras
Porém não pra dar em mim.

RELAÇÃO DE ALGUNS TRABALHOS PUBLICADOS POR ZÉ SALDANHA

A briga dos Herculanos;

A discussão da verdade com a mentira;

A discussão de um político da cidade com um velho agricultor;

A festa de Manoel Lopes;

A genealogia de Cristo;

A grande peleja de José Saldanha Menezes com Manoel Macedo Xavier;

A grande peleja em desafio de José Saldanha Menezes com Manoel Águido Pereira;

A luta de Lampião e Casco Preto;

A moça que foi ao inferno em sonho;

A moça que ganhou a aposta com o diabo;

A moderna caipora;

A morte de Chico João e a vingança de Samuel;

A Morte de José Alves Sobrinho — Lembrança de um poeta;

A mulher de minissaia — Agora danou-se tudo;

A onça de Cândido Dantas;

A onça do Bonfim;

A pranteada morte do saudoso poeta vaqueiro Zé Praxedi;

A revolta da Paraíba e os cabras de Zé Pereira;

A terra misteriosa ou O mundo dos meus sonhos;

A triste virada de um caminhão;

A vaquejada de Rufão e o desastre de Lindolfo;

A verdadeira história do monstruoso acidente ocorrido em Currais Novos;

A vida de Pedro Cem;

A vitoriosa campanha de Aluízio Alves para o governo do estado do Rio Grande do Norte;

Adalgiza e Adoniel;

Almanaque espacial do nordeste brasileiro para o ano 2001 do nascimento de Cristo — O nosso astro dominante do ano é a Lua;

Amor oculto;

Ananias e Aureliana;

Antônio Ramos Pereira e Mariana de Jesus;

As previsões de Saturno e as fortes chuvas em Natal;

As proezas de Pedro Malazarte com o agricultor;

Aureliano e Zabelô;

Celina e Daniel;

Chiquinha de Zé da Silva e o nego Zé Roldão;

Como surgiu a AEPP — Currais Novos/RN;

Como surgiu a SBEC;

Corisco e Dadá: A morte de Corisco e o fim dos cangaceiros, em 3 volumes;

Corridas e vaquejadas;

Dez minutos improvisados de José Saldanha com Adoniel Cesário da Paraíba;

Enedina e Evaristo;

Escrita de dois errados;

Gado, campo e vaquejada;

Getúlio ganhou de tudo e perdeu para os mações;

Heleno Maciel e Marlene Neves Galcéis;

Hoje no tempo moderno não convém mais ninguém casar;

Jandira e Napoleão;

Kubischek em Santa Cruz do Trairí;

Lindalva e Oliveira;

Mais uma carta de amor;

Margarida de Souza Lima e Dedé do Boqueirão;

Marinês e Apolinário;

Marinês e Policarpo;

Matuto na capital;

Meia-noite no deserto;

Mineração Bodominas há 50 anos passados;

Moizon e Iracema;

Morte, saudade e lembrança de Severino Ferreira;

Mulher desprestigiada;

Nascimento, vida e morte do frade Frei Damião;

Nessa política corrupta não convém ninguém votar;

Noite de festa em Patu;

O amor de Juliana e as bravuras de Viturino — Batalha, luta e vitória;

O amor de Paulino e Lúcia;

O amor e o tempo;

O apóstolo dos sertões — Antônio Conselheiro;

O barbatão da Serra das Frevedeiras;

O Brasil prometido aos pobres na época da eleição ou os amigos do voto e inimigos dos eleitores;

O burro de João Zezinho;

O castigo dos vaqueiros;

O cavalo de João Dedé;

O defensor do sertão — José Adolfo dos Santos;

O destino de um sertanejo;

O forró de Chico Pedo;

O imposto hoje ataca pior do que Lampião;

O livro de Lampião — Sua história, seu tempo e suas lutas;

O namoro do leilão e a briga de Serra Verde;

O pistoleiro Antônio José;

O poeta assassinado pela mão negra do destino — José Cosme da Silva Milanez;

O que se vê pelo mundo;

O samba de Chico João;

O sertanejo está mais quebrado do que arroz de terceira;

O sertão é bom quando chove;

O sertão e seus cangaceiros;

O sonho de Antônio Silvino;

O sonho do padre Cícero ou A voz da profecia;

O terror dos sertanejos: onça, cangaceiro e seca;

Os 500 anos do Brasil e todos seus presidentes;

Os coronéis do passado;

Os três cavalos de raça: Rei de Ouro, Pinga Fogo e Ponto Fino;

Peleja de Adoniel Cesário com José Saldanha Menezes Sobrinho;

Peleja de José Saldanha com Tico Teixeira;

Peleja de José Saldanha Menezes Sobrinho com Manoel Macedo Xavier — o Viola de Ouro do Nordeste;

Peleja de José Saldanha Menezes Sobrinho com Manoel Pereira — romancista brasileiro;

Peleja de José Saldanha Menezes Sobrinho com o cantor Tico Teixeira;

Peleja de José Saldanha Menezes Sobrinho com o poeta Milanez do Seridó;

Peleja em má-criação de Emília Catumbal com Filônia Cavacova — repentistas alagoanas;

Política da mão de força do nosso Seridó — Dinarte de Medeiros Mariz;

Porque Lampião foi bandido — seu tempo e seu reinado;

Professores do passado;

Questão de 40 anos;

Quinta vaquejada de Currais Novos;

Saudade de vaquejada;

Tem mais fiscal de imposto do que cobra em alagadiço;

Um grande debate improvisado de José Saldanha Menezes Sobrinho com o vate poeta Milanez;

Um romance do sertão — As bravuras de Heleno Maciel e os amores de Marlene Neves Galcez;

Um sertanejo no Agreste e a fome no sertão;

Uma forte discussão de um político do PT com um trabalhador da roça;

Uma noite no deserto;

Venâncio e Minervina;

Verdadeiro romance de Ana Íris de Menezes e Serapião de Azevedo;

Viturino e Juliana;

BIBLIOGRAFIA

ALMEIDA, Átila Augusto F. de & Sobrinho, José Alves. *Dicionário bio-bibliográfico de repentistas e poetas de bancada*. Editora Universitária — UFPB — João Pessoa, 2 vols., 1978.

BATISTA, Sebastião Nunes. *Antologia da literatura de cordel*. Fundação José Augusto, Natal, 1977.

COSTA, Gutenberg. *A presença de Frei Damião na literatura de cordel*. Thesaurus, Brasília, 1998.

_____. *Presença do Folclorista Câmara Cascudo na literatura de cordel*. Prefeitura Municipal do Natal — Fundação Capitania das Artes, Natal, 2000.

_____. *Cangaço e cangaceiros na literatura de cordel: Estudo e algumas referências bibliográficas*. Coleção SBEC 2000, Mossoró, 2000.

_____. *Dicionário bio-bibliográfico de poetas cordelistas do Rio Grande do Norte*. Queima Bucha, Mossoró, 2004.

NETO, José Augusto Vaz Sampaio; SERRÃO, Magaly de Barros Maia; MELLO, Maria Lúcia Horta Ludof de & URURAHY, Vanda Maria Bravo. *Canudos — Subsídios para a reavaliação histórica*. Fundação Casa de Rui Barbosa, Rio de Janeiro, 1986.

SOBRINHO, José Saldanha Menezes. *Como surgiu a Associação Estadual de Poetas Populares* — A.E.P.P. *do Rio Grande do Norte*. Edição do autor, Currais Novos, 1975.

_____. *Matuto na Capital*. Gráfica da CNEC, Brasília, 1990.

JORNAIS

AUGUSTO, Paulo. "O repórter do povo interpreta as artimanhas da vida". *Jornal de Natal*, Natal, 03 de abril de 2000.

CORTEZ, Luiz Gonzaga. "José Saldanha é o repórter das rimas". *Tribuna do Norte*, Natal, 28 de agosto de 1994.

_____. "O brilho do poeta matuto — José Saldanha Menezes Sobrinho, um sertanejo observador das 'misérias do mundo'". *Tribuna do Norte*, Natal, 07 de abril de 1992.

COSTA, Gutenberg. "Pequena amostra do cordel norte-riograndense". *Jornal Diário de Natal*, Natal, 1 de setembro de 1996.

_____. "Parasitas do Cordel". *Jornal de Natal*, Natal, 1 de fevereiro de 1993.

MORAIS, Francisco. "Folheto de cordel". *Jornal Galante*, Candinha Bezerra/Fundação Hélio Galvão, Natal, março de 2000.

Edição	Jorge Sallum
Co-edição	Bruno Costa
Capa e projeto gráfico	Júlio Dui e Renan Costa Lima
Programação em LaTeX	Marcelo Freitas
Assistente editorial	Bruno Oliveira
Colofão	Adverte-se aos curiosos que se imprimiu esta obra nas oficinas da gráfica Bandeirantes em 17 de abril de 2012, em papel off-set 90 gramas, composta em tipologia Walbaum Monotype de corpo oito a treze e Courier de corpo sete, em plataforma Linux (Gentoo, Ubuntu), com os softwares livres LaTeX, DeTeX, vim, Evince, Pdftk, Aspell, svn e TRAC.